AF253863

LES
CONDITIONS

NÉCESSAIRES A LA FORMATION

D'UN BON GOUVERNEMENT

PAR

M. RICAUME

DOCTEUR EN DROIT

PARIS

E. DENTU, LIBRAIRE - ÉDITEUR

Palais-Royal, 17-19, galerie d'Orléans.

VERSAILLES, BERNARD, LIBRAIRE, RUE SATORY, 9.

1873

LES CONDITIONS

NÉCESSAIRES A LA FORMATION

D'UN BON GOUVERNEMENT

PAR

M. RICAUME

DOCTEUR EN DROIT

PARIS

E. DENTU, LIBRAIRE - ÉDITEUR

Palais-Royal, 17-19, galerie d'Orléans.

VERSAILLES, BERNARD, LIBRAIRE, RUE SATORY, 9.

1873

TABLE

TITRE I. — *Origine de l'état social.* ... 3

CHAPITRE I. — Constitution de la famille et de la cité. ... 3

— II. De l'indépendance de la famille. ... 4

— III. Constitution de la nation. ... 9

TITRE II. — *Des lois.* ... 11

CHAPITRE I. Lois de famille ou patriarchales. ... 11

— II. Lois de cité ou civiles. ... 12

— III. De la majorité et de la minorité. ... 15

— IV. Du pouvoir exécutif dans la cité. ... 16

— V. Des juges, de leur élection. ... 16

— VI. Lois d'Etat ou nationales. ... 21

— VII. Election de l'Assemblée nationale. ... 23

— VIII. Permanence de l'Assemblée nationale. ... 30

— IX. Renouvellement de l'Assemblée nationale. ... 30

— X. Dissolution de l'Assemblée nationale. ... 32

— XI. De la publicité et du secret des délibérations de l'Assemblée nationale. ... 32

— XII. Du pouvoir exécutif dans l'Etat. ... 33

— XIII. De la responsabilité du pouvoir exécutif. ... 34

— XIV. Nomination du chef du pouvoir exécutif. ... 35

— XV. De la durée des fonctions du chef du pouvoir exécutif. 36

— XVI. Du nom que doit porter le chef du pouvoir exécutif. . 38

— XVII. Des forces de l'Etat. ... 39

— XVIII. Organisation de l'armée. ... 40

— XIX. De la contribution pécuniaire. ... 41

— XX. De la rétribution des fonctions publiques. ... 43

— XXI. Suite et conclusion. ... 46

TITRE III. — *Du gouvernement aristocratique.* ... 47

TITRE IV. — *De la monarchie*. 49

Chapitre I. De la monarchie légitime. 49
  —   II. De la monarchie illégitime. 51
  —   III. Avantage de la monarchie. 52

TITRE V. — *Des régimes mixtes ou monarcho-républicains*. . . . 53

TITRE VI. — *De la religion*. 56

TITRE VII. — *De la paix perpétuelle*. 58

AU LECTEUR

Au milieu des divisions d'opinions qui partagent notre malheureuse France, la pensée vient sans cesse à l'esprit de tout homme droit et sans parti pris de se demander s'il n'y a pas une forme de gouvernement qui puisse le mieux résoudre le problème de paix et de bonheur auquel doit aspirer un peuple comme un individu.

On peut dire qu'un peuple est heureux, quand chaque fraction de ce peuple est dans un état normal de vie. Si une partie est malade, le corps entier est en souffrance, et d'autant plus que la partie est plus gravement attaquée.

Ce gouvernement serait parfait qui non-seulement empêcherait le mal d'envahir le corps social, mais encore guérirait les plaies sociales antérieures, et donnerait à chaque individu, avec la liberté, une somme de bonheur suffisante pour lui faire aimer Dieu et les hommes.

Il m'a semblé que la meilleure méthode pour arriver à fonder un gouvernement aussi parfait que possible, était de rechercher d'abord les principes naturels par lesquels doit se guider un sage législateur ; que, ces principes étant mieux connus, on éviterait ces tâtonnements et ces anomalies qui se rencontrent dans la constitution de presque toutes les nations.

C'est dans cette pensée que j'ai entrepris d'écrire cet essai sur les conditions nécessaires à la formation d'un bon gouvernement. Je livre mes idées à mes concitoyens pour leur utilité. Libre à eux de les critiquer, de les blâmer ou de les adopter. Si je ne suis pas écouté dans le temps présent, peut-être un jour certains peuples croiront-ils bon d'en faire leur profit. J'aurai ainsi, dans un temps ou un autre, été utile à l'humanité.

LES
CONDITIONS NÉCESSAIRES

A LA FORMATION

D'UN BON GOUVERNEMENT

TITRE I

ORIGINE DE L'ÉTAT SOCIAL

CHAPITRE I

Constitution de la famille et de la cité.

Dieu, dès le commencement, fit l'homme faible, et exposé aux attaques non-seulement des animaux féroces, mais encore de ses propres semblables. Pour résister, il lui fallut l'association.

Il trouva d'abord la femme, que Dieu créa pour lui devenir une consolation, un appui dans le malheur ; mais encore pour lui susciter des défenseurs. En effet, ses enfants devinrent sa force, et sa puissance grandit avec leur nombre.

La famille fut ainsi constituée, et ce fut une *monarchie* où les membres n'avaient point voix élective, mais où le chef était chef par droit de nature, autrement dit, *par droit divin.*

La famille constituée eut alors à lutter, non plus contre des individus isolés, mais contre d'autres familles plus nombreuses et plus fortes. Pour résister, les chefs des familles faibles se réunirent et assemblèrent leurs forces; ils bâtirent leurs maisons les unes à côté des autres, puis entourèrent ces maisons d'un fossé et d'un rempart afin de n'être pas surpris, et la *cité* fut constituée.

Tous ces chefs de famille furent *citoyens* dans la *cité ;* et, au commencement, ils durent avoir des droits égaux, ne s'étant réunis que par suite de cette convention expresse ou tacite de se défendre les uns les autres, afin de mieux conserver leur liberté, mais *sans aucune autre obligation.*

La *cité* fut donc dans le principe une *république* où tous les citoyens durent apporter leur concours pour la défense des droits de chacun. Si un désaccord survenait entre deux citoyens, au lieu d'une bataille, l'affaire était appelée devant l'*assemblée des citoyens*, qui forçait l'oppresseur à laisser ou à restituer à l'opprimé ce qu'il voulait lui ravir.

CHAPITRE II

De l'indépendance de la famille.

Un seul lien unissait donc les citoyens entre eux, l'obligation de la défense réciproque. Hors de là, nous trouvons les familles complétement indépendantes. De quel droit, en effet, la cité eût-elle pu intervenir au sein de la famille pour y établir des règlements? Ce droit, où l'aurait-elle puisé? Pourquoi, en effet, le père de famille s'est-il lié avec la cité? — Pour en être protégé; et, en retour, il lui accorde le soutien de son bras contre les ennemis communs. Mais loin de le protéger, ne serait-ce pas, au contraire, lui ravir ce qui lui est le plus précieux, si la cité, c'est-à-dire ses voisins de droite et de gauche, voulait se substituer à lui pour gouverner l'intérieur de sa famille. A quoi bon sa protection contre des ennemis éloignés, si tout d'abord il trouve en elle le ravisseur de ce qui lui est le plus cher? — Ce ne serait plus là une protection, mais une attaque. La cité ne déchirerait pas seulement le contrat, elle le retournerait; elle en ferait une arme offensive. Ce serait l'opposé du but qui avait réuni les hommes.

La cité n'a aucun droit d'intervenir dans la famille; car elle n'est pour rien dans sa création. Par sa seule volonté, le père de famille s'est uni à une femme, laquelle, par sa volonté, s'est soumise à sa puissance. Ils ont ainsi fait entre eux deux, par un consentement réciproque, un contrat de mariage. Il suffit de leurs deux volontés pour que le contrat demeure parfait. Mais la cité! on n'a pas besoin d'elle. Le contrat existe sans elle et hors d'elle.

Cependant, dans l'intérêt de la famille, si les droits naturels résultant du contrat de mariage venaient à être attaqués, comme la cité devrait protection, les époux peuvent venir lui faire connaître ce qui existe; lui déclarer simplement qu'ils se sont unis par le mariage. Il y a obligation pour la cité d'accepter cette déclaration; mais elle n'a pas le droit de contraindre les époux à la faire. Seulement, dans l'ignorance du contrat, elle ne pourra être appelée à s'opposer à la violation des droits nés du mariage.

Ainsi, en dehors de la cité, par le seul consentement de l'homme et de la femme, le contrat de mariage s'est formé. De l'union des époux des enfants sont nés. Qu'a encore fait la cité pour leur donner l'existence? — Rien, absolument rien. Elle ne peut donc avoir aucun droit sur eux. Dieu seul et les père et mère ont tout fait; *à eux seuls appartiennent tous droits.* C'est pourquoi, si la cité intervenait et faisait opposition aux droits des père et mère, ce serait une violation du droit.

Tel est le principe rigoureux, absolu, pris dans la nature et né de la force même des choses.

Il résulte de ce principe que la cité n'a pas même le droit de protéger l'enfant né d'un mariage déclaré contre l'autorité arbitraire du père de famille, tant que l'enfant n'a pu manifester sa volonté d'être agrégé à la cité comme citoyen. Le père de famille n'est responsable que devant Dieu. La cité n'aurait qu'un droit, le rejeter de son sein comme indigne (1).

Nous venons de voir que les familles ne s'étaient liées à la cité que pour en être protégées. En entrant dans la cité, elles demeuraient donc obligées, après comme avant, de pourvoir à toutes les nécessités de la vie. La nourriture, le vêtement, c'était à chacun de se le procurer. Si tous les citoyens fussent demeurés dans la ville, comment y auraient-ils pourvu? — Ils seraient tous morts de faim et de froid.

---

(1) Ainsi, on ne peut sans injustice contraindre par une loi le père de famille à envoyer ses enfants à telle école déterminée ; mais, si le père de famille se refuse à donner ou à faire donner l'instruction à ses enfants, une loi peut justement le punir en le condamnant à la perte de ses droits civiques.

Mais plusieurs sortirent de la ville et s'occupèrent de la culture des champs. Sur le fruit de la terre et du travail, ils commencèrent par se nourrir et se vêtir. Ils devinrent du même coup propriétaires de cette terre qui, auparavant inculte, n'appartenait à personne, mais qui, travaillée, façonnée, demeura la chose du travailleur. On n'eût pu dès lors sans injustice les en dépouiller. C'est ainsi que se fonda sur le travail le droit du premier occupant, qui eut comme corollaire le droit de propriété. D'où l'on peut établir cette maxime, que *la propriété, c'est le prix du travail.*

Il y eut aussi de hardis navigateurs qui rapportèrent de leurs voyages lointains et périlleux des richesses de toutes sortes. Par ces richesses, ils pourvurent d'abord à leur propre subsistance en en échangeant une partie avec le cultivateur de la terre.

Cependant ils avaient affronté des dangers inouïs ; c'est au-delà des mers, au risque de mille naufrages, qu'ils avaient été chercher les richesses qu'ils apportaient. Mais, pendant que ceux-ci exposaient leur vie sur des mers inconnues, ou que ceux-là plus timides se contentaient du pénible, mais moins périlleux travail des champs, les autres citoyens étaient demeurés dans la ville.

Qu'arriva-t-il alors ? Ceux qui avaient cultivé les champs, après avoir pris le nécessaire, apportaient le surplus à leurs concitoyens. Mais était-ce pour les lâches et les fainéants qu'ils avaient travaillé ?

Ceux qui avaient exposé leur vie dans les voyages par suite d'un ardent désir des richesses, était-ce pour le plaisir de les abandonner aux lâches et aux fainéants qu'ils avaient bravé des périls sans nombre ?

Non, mille fois non. Les uns et les autres s'adressè-

rent à ceux qui voulaient travailler, et leur dirent :
« Voici de quoi vous nourrir; voici de quoi vous vêtir.
Nous vous donnons ces choses, fruit de notre travail ;
mais en échange, donnez-nous ce que vous pouvez nous
donner, c'est-à-dire votre travail. Vous allez nous tisser
des étoffes ou nous bâtir des maisons. Vous qui n'avez
pas voulu courir les grands dangers, ni affronter le pénible travail du cultivateur, travaillez à la journée, nous
vous payerons votre journée; travaillez à la tâche, nous
vous payerons en raison du travail exécuté. »

Alors ceux qui étaient demeurés dans la ville devinrent à leur tour *propriétaires* des denrées, marchandises
et trésors qu'on leur apporta en échange de leur travail.

Mais ceux qui fuient le travail, les lâches, les fainéants,
les débauchés, qu'y a-t-il pour eux ? — La misère, la fa-
mine, la mort sur le grabat.

Dans toutes ces choses, la cité n'a point à intervenir.
A chacun la récompense de ses œuvres. L'homme éco-
nome a amassé pour ses vieux jours ; le travailleur a eu
le salaire de son travail; mais s'il le dissipe, à qui la
faute ? — La cité ne lui doit rien. L'invalide seul a droit à
l'aumône, parce qu'il lui est impossible de se suffire à
lui-même, et que la cité est obligée de le défendre contre
les étreintes de la misère involontaire.

Il ne faut donc pas s'en prendre à la société, s'il y a
des pauvres et des riches. Le travail enfante la richesse,
l'économie la développe ; la débauche et la paresse en-
gendrent ou maintiennent la pauvreté. Au commencement, Dieu créa les hommes égaux, les ayant tous fait
naître du même homme; mais l'égalité cessa le jour où
les hommes cessèrent d'avoir la même vertu. A chaque
génération les mêmes causes élevèrent les familles, à

chaque génération, les causes contraires les firent descendre. C'est à la vertu ou à la faute de nos parents que nous devons d'être nés riches ou pauvres. C'est à nous qu'il appartient de conserver ou de changer notre état. C'est à nous qu'incombe le devoir de rendre meilleure la condition de nos enfants, si nous ne voulons pas encourir le juste reproche d'avoir démérité le titre de père de famille.

CHAPITRE III

Constitution de la nation.

Cependant il arriva à la cité ce qui était arrivé à la famille. La cité, faible par le nombre de ses citoyens, fut attaquée par la cité plus forte. Pour ne pas succomber, elle fit alliance avec les cités voisines également menacées, et toutes réunies formèrent un faisceau de forces capable de vaincre et d'anéantir la cité dont la puissance avait un instant semblé les devoir toutes subjuguer.

L'alliance formée demeura, et tout un pays fut ainsi réuni en une seule *nation* par un *lien fédératif* et dans un but unique de défense réciproque.

L'on sentit plus vivement encore la nécessité de la fédération quand, par toute la terre, la même cause ayant formé des corps de nations, une nation tout entière en attaqua une autre. Que serait devenue chaque cité, si elle fût restée obligée de se défendre seule contre un tel ennemi?

La nation comprit non-seulement les grandes cités, mais encore les petites cités ou communes, telles que les réunions de villages ou hameaux. Car nous appelons indifféremment *cité* ou *commune* l'ensemble des citoyens obéissant à une loi civile commune, et vivant sur un territoire restreint, bien que souvent non entouré de murs.

Les cités furent alors placées, par rapport à la *nation* entière ou l'*Etat*, dans la même situation que les familles, par rapport à la cité. Ce fut une fédération dont la base était l'égalité.

Ainsi, sauf l'obligation de la défense réciproque, chaque cité dut garder son autonomie et son indépendance.

L'on fit seulement des lois pour organiser la défense commune contre la rebellion d'une cité, ou l'attaque d'un ennemi extérieur.

TITRE II

DES LOIS

Nous avons vu que la *nation* ou l'*Etat* se composait de la fédération des *cités;* et la *cité* de la fédération des *familles.* Il y a donc trois degrés distincts dans l'état social :

Premier degré : la famille ;
Deuxième degré : la cité ;
Troisième degré : la nation ou l'Etat.

De là trois sortes de lois :

1° Lois de famille ou patriarchales ;
2° Lois de cité ou civiles ;
3° Lois d'Etat ou nationales.

CHAPITRE I

Lois de famille ou patriarchales.

Ces lois ne doivent concerner que la famille en tant qu'indépendante de la cité ou de la nation.

Le père de famille seul a droit de les édicter. Le plus souvent, elles sont non écrites, elles sont émises à chaque moment suivant les circonstances ; ce sont des *ordres* ou *commandements*. Elles prennent le nom de *testaments* quand elles ont pour but de régler la condition de la famille et des biens du père de famille pour le temps où il ne sera plus.

Le père de famille étant l'image de Dieu au sein de la famille qu'il a créée, doit, comme Dieu, n'édicter que des lois empreintes du caractère de la plus stricte justice. Il manquerait au plus saint de ses devoirs s'il agissait autrement.

Cependant il est arrivé que des pères de famille, oubliant la sainteté de leur mission et abusant de leur toute-puissance, crurent pouvoir se montrer partials et injustes envers ceux auxquels la nature leur avait donné le droit de commander. De là des troubles dans la famille, résultat nécessaire de la violation des droits naturels.

La cité à laquelle était fédérée la famille dut alors intervenir pour faire cesser la discorde et défendre le père de famille lui-même contre les conséquences funestes de ses propres excès.

De là des lois civiles se substituant en certains cas aux lois du père de famille agrégé à la cité ; mais ces lois doivent être peu nombreuses et n'avoir point d'autre but que d'empêcher la discorde au sein de la famille.

CHAPITRE II

Lois de cité ou civiles.

Ces lois ne doivent concerner les citoyens que dans leurs rapports entre eux et leurs rapports avec la cité. Elles ont pour but de protéger la personne ou la chose du citoyen, la cité ou ses biens contre l'attaque d'un ou de plusieurs citoyens.

Elles prennent différents noms suivant le but plus rapproché qu'elles ont en vue. On les appelle *politiques*, quand elles règlent le gouvernement de la cité ; *civiles proprement dites*, quand elles règlent les rapports des citoyens entre eux ; *pénales,* quand elles s'occupent des crimes et de leur châtiment. On pourrait encore trouver d'autres noms suivant que l'on voudrait les classer avec de plus grandes divisions.

Pour être obligatoires, les lois de cité doivent être votées par l'assemblée tout entière des citoyens ; car on ne peut être obligé par une loi, à la création de laquelle on n'a ni participé ni consenti. D'autre part, la cité étant placée sur une étendue très-limitée de territoire, il est facile de l'appeler tout entière à se prononcer sur l'adoption ou le rejet d'un projet de loi. C'est ce qui se pratiquait dans les cités anciennes, comme Athènes et Rome, dans le temps où elles étaient souveraines.

Tel est le principe rationnel, et quand la loi proposée a une grande importance, il est nécessaire que tous les citoyens soient réunis pour la discussion, le vote ou le rejet de la loi.

Mais si la loi proposée était de minime importance, ou même sans utilité (car tout citoyen ayant part à la souveraineté, a le droit de proposer une loi et peut abuser de ce droit), il serait souvent nuisible à la masse des citoyens d'être dérangée de ses occupations pour en délibérer. Dans ce cas, la méthode suivante semble plus convenable. Les citoyens assemblés font une loi par laquelle ils délèguent leur pouvoir à des mandataires dont ils fixent le nombre. Ces mandataires nommés à l'élection forment le *conseil de la cité.*

Le conseil de la cité demeure chargé de l'examen des projets de loi. Si la loi est importante, il convoque l'assemblée du peuple, sinon il délibère, adopte ou rejette la loi proposée.

Mais comment décider la question de savoir si la loi proposée est assez importante pour qu'il soit nécessaire de convoquer toute la cité? Entre autres moyens, le suivant me paraît très-efficace.

La loi proposée serait affichée un mois au moins sur la place des délibérations; chaque citoyen pourrait ainsi en prendre connaissance et juger de son importance. Si un grand nombre de citoyens trouvent la loi importante, ils le consignent sur un registre *ad hoc*. Le conseil de la cité est alors obligé d'en appeler à l'assemblée du peuple. Il peut encore en être ainsi si le quart ou le tiers du conseil juge nécessaire la convocation de l'assemblée. Hors ces cas, la loi proposée n'étant pas, sans doute, assez importante pour nécessiter la convocation de l'assemblée des citoyens, est, après un mois d'affichage, votée ou rejetée par le conseil, après simple délibération.

Cette méthode n'était pas suivie dans les cités anciennes; les citoyens étaient appelés à délibérer sur les plus simples projets de loi. Il me semble qu'ils étaient trop occupés des affaires publiques et pas assez des leurs. Il est vrai qu'ils pouvaient remettre à des esclaves le soin de leurs propres affaires et passer tout leur temps sur la place publique.

CHAPITRE III

De la majorité et la minorité.

Il peut arriver dans la cité que la loi ne soit pas agréée à l'unanimité. Il se forme alors une *majorité* et une *minorité* pour l'adoption ou le rejet de la loi proposée. Quand la majorité rejette la loi, il n'y a rien de fait; par conséquent il ne peut être question de soumission ou de non-soumission ; mais si la majorité adopte, on peut se demander si la minorité est tenue d'obéir.

Nous avons vu que les lois de cité devaient n'avoir d'autre but que la défense de la personne et des biens des citoyens ou de la cité considérée comme être de raison. C'est pourquoi, quand la loi votée n'a pas cette fin directe ou indirecte, la minorité a le droit de ne s'y soumettre pas (1), et la majorité violerait le pacte social en l'y obligeant par la force. Ainsi, si la majorité adoptait une loi qui aurait pour but d'obliger chaque citoyen à contribuer aux frais d'une fête à laquelle la minorité ne voudrait ou ne pourrait prendre part (2). Quand au contraire la loi

(1) Bien entendu la protestation doit être pacifique. Une résistance à main armée serait plus criminelle que l'injustice de la majorité.

(2) C'est ainsi qu'il est très-injuste de faire contribuer tous les citoyens aux subventions des théâtres non gratuits, auxquels les pauvres ne peuvent aller. C'est prendre le denier du pauvre pour le plaisir du riche. Le théâtre doit être libre ; la cité a seulement mission de surveillance, afin qu'on n'y joue aucune pièce pouvant compromettre sa sûreté morale ou matérielle. Si la cité croit devoir avoir un théâtre public pour maintenir ou élever le niveau de l'art, suivant le dire mis en avant par les amateurs de théâtre, l'entrée doit y être toujours gratuite et sans distinction de place.

votée a le but indiqué plus haut, le refus d'obéissance de la part de la minorité serait une rebellion. La minorité n'aurait qu'un droit, abandonner la cité, c'est-à-dire renoncer au titre de citoyen et à ses avantages, corollaires des obligations auxquelles elle veut se soustraire.

CHAPITRE IV

Du pouvoir exécutif dans la cité.

L'assemblée des citoyens, ayant fait la loi, doit prendre soin qu'elle soit exécutée et obéie par tous. A cet effet, elle choisit un ou plusieurs citoyens des plus dignes pour procéder à son exécution, et ainsi se trouve constitué le *pouvoir exécutif*, séparé, mais dépendant du *pouvoir législatif*.

Quand une infraction à la loi est commise, le pouvoir exécutif doit donc, *l'infraction étant constante*, obliger le citoyen de se soumettre à la loi. S'il y a résistance, il a le droit de faire appel à toutes les forces de la cité. Tout citoyen est tenu d'obéir à cet appel, sans quoi il manquerait au premier de ses devoirs qui consiste précisément à défendre la cité et ses lois contre toute attaque.

CHAPITRE V

Des juges, de leur élection.

Mais l'infraction peut n'être pas constante. Le pouvoir exécutif peut errer sur l'interprétation de la loi. Si donc le citoyen ne reconnaît pas avoir manqué à la loi, il y a à décider tout d'abord qui, du pouvoir exécutif ou du citoyen, a raison. Le juge de ce désaccord ne peut être le pouvoir exécutif lui-même évidemment : il serait accusateur et juge.

C'est à l'assemblée des citoyens seule qu'il appartient de juger le différend ; car ayant fait la loi, seule elle peut en donner la saine interprétation. On peut donc établir ces principes : 1° que le pouvoir exécutif ne peut juger lui-même les contestations qui s'élèvent sur l'application de la loi ; 2° que s'il ne peut lui-même les juger, à plus forte raison ne peut-il déléguer à des subalternes le droit de juger : on ne peut déléguer un droit que l'on n'a pas ; 3° qu'il doit, en cas de contestation, en appeler au jugement de l'assemblée des citoyens.

Il est donc illogique de voir dans certaines républiques le pouvoir exécutif nommer les juges. L'assemblée des citoyens ayant le droit de juger, peut seule avoir celui de nommer parmi ses membres une ou plusieurs commissions chargées de rendre la justice. Cette commission prend alors le nom de *tribunal ;* et c'est ainsi que se forme, à côté du *pouvoir exécutif,* le *pouvoir judiciaire ;* pouvoirs complétement indépendants l'un de l'autre, mais dérivant tous les deux du *pouvoir législatif.*

Les juges choisis doivent juger par eux-mêmes, c'est en eux seuls qu'on a eu confiance ; ils ne pourraient, à leur tour, déléguer cette lourde charge.

A plus forte raison l'assemblée du peuple ne pourrait-elle confier à un seul homme le soin de désigner les juges. Autrement ce serait abdiquer la souveraineté et la liberté. Eh ! que deviendrait le principe de l'égalité politique devant cette exaltation d'un homme qui, d'un mot, et par ses créatures érigées en juges, pourrait jeter, quand il voudrait, la mort et le déshonneur dans le camp de ses ennemis? Lui accorder un pareil pouvoir, n'est-ce pas l'élever au-dessus de tous? N'est-ce pas le faire souverain. L'état républicain ne comporte pas une telle abdication du pouvoir populaire.

Quand l'assemblée des citoyens remet à une commission ou tribunal le soin de juger, le justiciable perd ainsi la garantie qu'il avait dans un jugement rendu par tous. Le nombre des juges se restreignant, il lui faut au moins des compensations. Ces compensations seront les suivantes :

1° Que les membres du tribunal soient assez nombreux pour être une véritable représentation de l'assemblée des citoyens : il serait dangereux d'être jugé par deux ou trois hommes seulement ;

2° Que les citoyens chargés de juger aient une capacité supérieure jointe à une connaissance approfondie des lois de la cité. La commission judiciaire ou tribunal ne peut être composée des premiers venus parmi les citoyens ; ses membres ne peuvent être désignés par le sort, car le sort pourrait tomber sur les plus incapables. L'assemblée des citoyens doit donc exiger des membres de la commission judiciaire certaines conditions de capacité pouvant assurer dans la cité la reddition d'une bonne justice.

Une loi sage sur l'élection des juges devrait notamment contenir les conditions suivantes : 1° que le candidat, ayant fait une étude spéciale et approfondie des lois, ait subi un examen pouvant donner la preuve que cette étude a été faite ; 2° que tous les citoyens de la cité ayant fait la même étude fussent appelés à donner leur avis et dressassent une liste par ordre de mérite des candidats les plus capables de bien juger ; 3° qu'éclairé par cette liste ainsi composée sur la valeur des candidats, le pouvoir législatif fit seulement alors les nominations judiciaires ; 4° que ces nominations ne fussent faites que pour une période de deux ou trois ans au plus, sauf à renommer les mêmes juges à l'expiration de la période pour laquelle ils auraient été nommés.

Rien n'est plus contraire au bon sens que l'inamovibilité de la judicature. On y a été amené dans certains pays parce qu'on avait commencé par commettre une absurdité, celle de confier au pouvoir exécutif le soin des nominations. Il est ordinaire qu'une première faute en entraîne toujours une autre. C'est ainsi qu'il arrive que, quand un peuple commet une première absurdité politique, pour ne pas toucher à l'institution, on en commet une seconde, et tout va de mal en pis.

Il est insensé de rendre inamovible le juge nommé, 1° parce que le choix peut être mal fait, qu'ainsi l'erreur commise est irréparable ; 2° parce que le juge, capable au moment de la nomination, peut devenir incapable par suite de maladie ou de vieillesse ; 3° parce qu'il peut devenir indigne, sans que cependant cette indignité puisse résulter d'un crime avéré ; 4° parce que quand l'un des susdits cas se rencontre, il est déraisonnable et cruel de soumettre à la juridiction de tels hommes toute une génération de citoyens.

J'ai encore vu une inconséquence forcée résulter de cette loi qui laissait au pouvoir exécutif le soin de désigner les juges. Je veux parler de l'institution du jury. Voici comment cette institution était née. On s'était aperçu que quand de grands crimes étaient commis, les juges désignés par le pouvoir exécutif étaient trop enclins à condamner les accusés sans preuves suffisantes, soit parce que ces juges espéraient ainsi se rendre agréables aux représentants du pouvoir exécutif, soit parce qu'ils avaient trop l'habitude de condamner, et, disait-on, quand il s'agissait de condamnations capitales ou quasi-capitales, il fallait y regarder à deux fois.

C'est pourquoi, à côté des juges ordinaires, on avait cru devoir placer une commission de citoyens chargés de rendre le *verdict* sur l'accusation.

Mais jamais on n'était d'accord sur la manière de composer cette commission dite du *jury*, et on ne pouvait pas l'être. En effet, les uns voulaient que les membres du jury ou *jurés* fussent désignés par le sort entre tous les citoyens ; mais le sort pouvait faire que les incapables et les ignorants fussent en majorité dans la commission : de là un mauvais jugé certain. Ou bien, l'on dressait une liste très-restreinte de citoyens de laquelle on bannissait les incapables ; sur cette liste, on tirait encore au sort la commission du jury. Cette fois, la commission pouvait être mieux composée sous le rapport de l'intelligence, mais elle était nécessairement plus mal composée sous le rapport de l'indépendance et de l'irréprochabilité du juré. Car, qui dressait la liste ? Ou c'étaient les juges, et alors le jury était l'image en grand du tribunal lui-même ; ou c'étaient des agents plus directs du pouvoir exécutif, et dans l'un comme dans l'autre de ces deux cas, on était dans un cercle vicieux, puisque soit directement, soit indirectement, le jury, comme les juges, était sorti de la main du pouvoir exécutif.

De plus, on avait à se demander pourquoi la nécessité du jury pour juger les grands crimes seulement ? Car si les juges ordinaires jugeaient mal les grands crimes à l'instruction desquels ils devaient cependant apporter plus de soin, combien à plus forte raison devaient-ils mal juger les petits crimes ou délits et les simples discussions personnelles ou réelles entre citoyens ! Donc, si l'institution était nécessaire pour avoir une bonne justice, il la fallait pour tous les cas, sinon, l'on pouvait dire que c'étaient les citoyens accusés d'avoir le moins forfait à l'honneur et à la justice qui étaient le plus exposés à être mal jugés.

Il ne faut cependant pas trop attaquer cette institution du jury. Le mal existant, c'est-à-dire l'élection des juges étant faite à contre-sens par le pouvoir exécutif, on cherchait à pallier ce contre-sens, et, en tâtonnant, on avait trouvé ce correctif insuffisant et pour un cas seulement. Mais au lieu de tous ces tâtonnements, n'eût-il pas été plus simple d'appliquer les vrais principes : laisser l'élection des membres du tribunal au pouvoir législatif, en observant les conditions nécessaires pour arriver à un bon choix.

CHAPITRE VI

Lois d'État ou nationales.

La *nation*, c'est-à-dire la fédération de toutes les cités d'un pays, n'existant que dans le but de la défense de toutes les cités et de chaque cité contre un ennemi commun ou particulier, les lois d'Etat ou nationales ne doivent avoir d'autre fin que de maintenir la nation sur un solide pied de défense. Mais elles ne peuvent empiéter sur le domaine de la cité sans violer le contrat qui a *fédéré* la cité à la nation.

Au commencement, ce principe fut généralement respecté. Telle nous voyons la nation grecque, dont les cités se *fédérèrent* aux temps des guerres médiques pour repousser les attaques du puissant roi d'Asie : Athènes,

Sparte, Corinthe et les autres cités de la Grèce conservè-
rent chacunes leurs lois propres tout en envoyant des députés à l'assemblée générale. Les conquérants mêmes
ont été obligés de se soumettre à ce principe, quand ils
ont voulu *fédérer* le peuple vaincu au peuple vainqueur.
Aussi les Romains laissaient à chaque province conquise
ses lois et ses dieux. De nos jours, le roi Guillaume de
Prusse, ayant obtenu par ruse et violence la fédération
d'une grande partie des pays allemands, ne s'est occupé
que de faire donner à la confédération une loi commune
d'organisation militaire.

Cependant, quand la fédération des cités a duré un
très-long temps, plusieurs cités conviennent, pour la
commodité des rapports et la défense des intérêts des citoyens de cité à cité, d'avoir des *lois civiles* semblables.
Quand toutes les cités de la nation sont tombées d'accord
d'avoir des lois civiles semblables, pour que cet accord
demeure, il n'y a qu'à convenir que ces lois seront votées
par l'assemblée générale des citoyens de la nation entière
ou par leurs représentants, c'est-à-dire par l'Assemblée
nationale. Ces lois sont alors des lois d'Etat ou nationales, la nation entière ayant concouru à leur adoption ;
elles n'en restent pas moins lois civiles, chaque cité ayant
consenti à accepter pour siennes les lois votées par l'Assemblée nationale, conformément au pacte social (1).

Cependant certaines lois restent nécessairement réser-
vées au vote particulier des citoyens de la cité ; ce sont
celles intéressant spécialement une des cités et non une
autre. Telles sont les lois de cité concernant la police,

______

(1) Telle nous voyons aujourd'hui la nation française, dont les cités,
communes et seigneuries, réunies peu à peu en un seul Etat par les
rois de France, gardèrent, pendant plus de mille ans, leurs lois et cou-
tumes locales, malgré que la nation fût gouvernée monarchiquement.

l'édilité ou encore les biens de la cité. L'Assemblée nationale ne peut faire une loi spéciale à une cité, sans usurper sur les droits de la cité.

De là ces principes :

1° L'Assemblée nationale a le droit de faire toutes les lois ayant pour but la défense de la nation ou d'une cité de la nation contre toute attaque extérieure ou intérieure ;

2° Les lois civiles votées par l'Assemblée nationale sont légitimes et doivent être obéies par tous les citoyens, quand ces lois civiles sont générales à toutes les cités et non particulières à l'une d'elles ;

3° C'est une usurpation de l'Assemblée nationale d'obliger une cité à une loi particulière, quand cette loi particulière n'est pas l'application d'une loi générale à laquelle toutes les cités sont soumises.

CHAPITRE VII

Élection de l'Assemblée nationale.

En principe, il aurait fallu que les citoyens de la nation tout entière se fussent réunis pour faire la loi. Mais on eût été en présence d'une impossibilité matérielle absolue. Alors on pensa qu'il serait bon que *chaque* cité choisît parmi ses citoyens les plus capables pour être par eux représentée ; et c'est ainsi que fut créée, par la réunion des représentants de chaque cité, une Assemblée nationale ayant le pouvoir même qu'aurait eu l'assemblée générale des citoyens, c'est-à-dire le pouvoir de décider

souverainement toutes les questions concernant la défense et la conservation de la nation.

Pour qu'une telle Assemblée nationale soit légitimement composée, il faut deux conditions :

1° Que chaque cité, quelque petite qu'elle soit, ait au
moins un représentant ;

2° Que chaque cité soit représentée proportionnellement au nombre de ses citoyens électeurs.

Ainsi, en prenant, comme point de départ, une cité
n'ayant que cinquante électeurs, cette cité doit néanmoins avoir un représentant ; la cité de cinq cents électeurs doit alors en avoir dix ; celle de cinq mille, cent ;
celle de cinquante mille, mille.

Il ne peut en être autrement, sinon la cité de cinquante
électeurs ne serait point représentée, ou si l'on n'accorde
pas mille députés à la cité de cinquante mille électeurs,
celle-ci ne l'est point dans une proportion égale.

Voilà donc sur quelle base légitime doit être établie
l'Assemblée nationale.

C'est bien, si la nation est petite ; cette base peut être
acceptée ; mais s'il s'agit d'une grande nation, il devient
encore difficile, presque impossible, de réunir en assemblée un aussi grand nombre de députés.

Supposons, en effet, une nation ayant dix millions de
citoyens électeurs. En suivant la proportion ci-dessus
d'un député par cinquante électeurs, nous aurions ainsi
une assemblée composée de deux cent mille députés.

Il faudrait donc que deux cent mille citoyens se dépla-
çassent chaque année pour venir étudier, élaborer, dis-
cuter et voter les lois du pays ! Mais où donc les réunir ?
où donc les loger ? Et, d'autre part, est-il bien nécessaire
d'une si grande réunion d'hommes pour faire une bonne
loi ?

Alors deux systèmes furent en présence, l'un très-injuste; mais l'autre parfaitement équitable.

Le premier consiste à réunir un certain nombre de cités en un groupe, qu'on peut appeler département ou arrondissement; après quoi, cet arrondissement, qui eût dû légitimement nommer trois ou quatre mille députés, si l'on eût procédé d'après le système rationnel, n'en doit plus nommer que trois ou quatre seulement choisis par le suffrage universel des électeurs de tout l'arrondissement.

Une bonne élection de députés devient alors impossible. Car, voici ce qui se passe nécessairement : huit ou dix ou vingt citoyens se présentent ou sont présentés comme candidats à la députation. Mais chacun se dit : comment pouvons-nous connaître la valeur de ces hommes? A quels signes reconnaître les plus capables? — Savons-nous même s'ils sont capables de nous représenter? — La masse des électeurs de chaque cité peut bien connaître le plus digne de la cité, mais elle ne peut connaître les plus dignes parmi les cent cités et plus dont se compose l'arrondissement.

Il arrive encore qu'un étranger à l'arrondissement, dont le nom n'y était même pas connu, se présente, appuyé par quelques électeurs seulement!

Alors chacun de se demander : quel est le plus digne? — Quelques-uns disent : c'est celui-ci; quelques autres : c'est celui-là; mais la grande majorité des électeurs, ne connaissant pas les candidats, se trouve dans un embarras extrême.

Cependant le jour de l'élection arrive : il faut se décider. Un grand nombre disent : la loi nous met dans une situation impossible. Voter pour un candidat inconnu, peut-être indigne! mieux vaut s'abstenir. Ne votons pas; nous ne pouvons raisonnablement pas nommer pour nous représenter un citoyen que nous ne connaissons pas parfaitement.

Les citoyens sensés sont donc presque toujours obligés de s'abstenir.

Mais les faibles d'esprit disent : peu importe, on nous dit de voter, votons. Le candidat qui a fait le plus de frais, débité le plus de discours, envoyé le plus de proclamations, est nommé, et c'est souvent le plus indigne.

Ce système est donc très-absurde. Il est injuste, car il ne peut donner la véritable représentation de la nation. Aussi beaucoup de crier : « A quoi bon voter? — Ayons simplement un *roi*, et qu'il fasse lui seul les affaires du pays. »

D'autres disent : « Nous pouvons rester en république ; mais il nous faut à côté de l'Assemblée nationale née du suffrage universel, une seconde assemblée qui sera composée de toutes les illustrations du pays, notamment de ceux qui, pendant un assez long espace de temps, auront constamment obtenu les suffrages de leurs concitoyens, de ceux qui auront commandé les armées de terre ou de mer, des chefs de la religion, etc. Cette seconde assemblée, éminemment conservatrice, contrôlera les décisions de l'Assemblée nationale, donnera le laisser-passer aux bonnes lois, mais arrêtera par ses *veto* l'exécution des mauvaises. »

Cette idée a paru bonne à plusieurs. Les prudents se sont écrié : « C'est parfait. Si nos assemblées nationales sont composées de citoyens incapables ou indignes, tout n'est pas perdu, le remède est trouvé. » Peu à peu l'idée a fait son chemin, et l'on en est arrivé dans certains pays à créer effectivement cette seconde assemblée à laquelle on a donné le nom de *Sénat*.

Je reconnais que lorsque l'Assemblée nationale se

forme suivant le mode d'élection que je viens d'exposer, c'est-à-dire par un mode qui y fait entrer des éléments souvent très-impurs, cette création d'une seconde assemblée est bonne. Elle est nécessaire comme palliatif du mauvais composé de la première. Le mal étant créé, il faut le remède. Mais la nécessité de la seconde assemblée est la condamnation même de ce mode d'élection.

Aussi les sages disent : « A quoi bon cette seconde assemblée. Ayons simplement une bonne loi électorale qui puisse tamiser si bien le plus pur de la nation que rien de mauvais ne pénètre dans l'Assemblée nationale. Voilà qui sera parfait. Si une mesure de bons grains se trouve mêlée à une certaine quantité de sable et de graviers, ne prend-on pas un tamis à larges mailles pour enlever d'abord les gros graviers, puis un second tamis qui sépare complétement le grain du sable ; puis on écrase le grain et un troisième tamis sépare le son de la farine dont on prend la fleur pour en faire un pain excellent. Ainsi doit être formée l'Assemblée nationale pour qu'il n'y rentre que la fleur la plus pure de la nation, c'est-à-dire les citoyens les plus capables et les plus dignes de remplir le mandat qu'on leur confie. »

« Une assemblée ainsi formée, à quoi bon votre Sénat ? » répètent les susdits sages ; et ils ont raison. Ce n'est pas seulement un rouage inutile dans le système du gouvernement républicain, puisqu'on ne pourrait rien composer de meilleur que cette Assemblée nationale, on évite encore le danger de placer deux assemblées puissantes en opposition l'une de l'autre.

Il faut donc simplement rejeter ce premier mode d'élection et adopter le second dont les résultats semblent devoir être excellents.

Voici, du reste, clairement en quoi il consiste : étant

donné un vaste territoire occupé par une grande nation, ce territoire est divisé en grandes régions ou arrondissements auxquels nous pouvons donner le nom de *déparments*. Le département doit être assez étendu pour avoir au moins cinq ou six députés à envoyer à l'Assemblée nationale. Chaque département est à son tour divisé en autant de cités ou communes qu'il y a de localités distinctes.

Ces divisions étant faites, la loi électorale règle le mode d'élection de la manière suivante :

Chaque cité doit nommer autant d'*électeurs au second degré* ou *représentants de cité* qu'il y a de fois cinquante électeurs dans la cité. — Une cité de moins de cinquante électeurs nomme un représentant de cité ; en conséquence, toute fraction supérieure à cinquante électeurs ou aux multiples de cinquante donne droit à un représentant de cité en plus. — La loi doit vouloir expressément que les candidats à la représentation au premier degré soient domiciliés ou au moins résidant dans la cité, *depuis plusieurs années*, de manière à être parfaitement connus des électeurs.

Ces représentants au premier degré n'ont qu'un mandat, celui de choisir les députés les plus dignes de représenter le département à l'Assemblée nationale. A cet effet, ils se réunissent dans la ville principale du département, et là, après délibération, ils élisent à leur tour, suivant leur mandat, les députés que le département doit envoyer à l'Assemblée nationale.

La loi électorale fixe le nombre de députés à élire en prenant pour base le chiffre des électeurs inscrits.

Ce système électorale donne les meilleurs résultats. En effet, les représentants au premier degré étant tous parfaitement connus de leurs électeurs, leurs opinions, leur talent, leur caractère ont dû être discutés, appréciés : l'électeur n'a pu être trompé. Ils sont donc, sans aucun doute, les plus dignes entre tous du mandat important qui leur est confié, celui d'élire les hommes chargés de diriger les destinées de la nation. Choisis nécessairement parmi les plus habiles, les plus experts, ils peuvent mieux que tous autres faire les meilleurs choix. Etant les plus capables, moins que tous autres, ils sont sujets à se tromper ou à être induits en erreur. Etant les plus dignes, aucune pression gouvernementale, aucune corruption n'est à craindre. C'est, en un mot, l'élite du pays qui se trouve chargé de choisir les citoyens les plus grands entre tous par leur vertu, leur talent, leur caractère, pour en faire les représentants de la nation.

Une Assemblée nationale composée d'éléments si supérieurs, si soigneusement choisis, suffit. Elle n'a pas besoin du contrôle d'une Chambre secondaire. Elle a droit à la souveraineté qui réside en elle, sans partage, parce qu'il serait impossible de créer une seconde Assemblée mieux composée.

D'autre part, les conditions voulues pour que l'Assemblée soit légitimement composée sont remplies. En effet, premièrement, chaque cité s'y trouve représentée, la plus petite cité ayant, par son représentant au premier degré, contribué à l'élection du député ; deuxièmement, elle y est représentée proportionnellement au nombre de ses citoyens ; enfin, on y rencontre cet avantage immense, indispensable pour une élection légitime, que les électeurs ne peuvent être induits en erreur sur les qualités du candidat qu'ils choisissent ; mais à chaque degré, chacun sait quel est l'homme aux mains duquel il remet la garde de sa vie, de son honneur et de ses biens.

Où trouver dès lors un meilleur système ? — L'ambition seule de quelques hommes habitués à corrompre et à tromper le peuple a pu, en certains pays, en empêcher l'application.

CHAPITRE VIII

Permanence de l'Assemblée nationale.

L'Assemblée nationale doit être permanente, parce qu'elle doit veiller chaque jour à la conservation et à la défense de la chose publique.

En effet, il serait à craindre qu'en l'absence de l'Assemblée nationale, le pouvoir chargé de faire exécuter les lois, se trouvât, dans un cas imprévu, sans lois. Et, alors, ou le pouvoir exécutif, respectant son mandat, s'abstiendrait de rien faire, et la chose publique souffrirait de cette abstention forcée ; ou le pouvoir exécutif agirait, mais en empiétant sur le domaine législatif, ce qui serait une usurpation funeste à la République, qui conduirait au mépris de l'autorité légitime et au renversement des libertés publiques.

CHAPITRE IX

Renouvellement de l'Assemblée nationale.

De ce que l'Assemblée nationale doit être permanente, il n'en faut pas conclure que ses membres, représentants de la nation, doivent être inamovibles. Rien ne serait plus contraire aux libertés publiques. Sûrs de conserver jusqu'à la mort le pouvoir que la nation leur aurait conféré, ils oublieraient bien vite les grands intérêts du pays pour ne plus songer qu'à leur propre intérêt ; ils s'éleveraient par des lois funestes au-dessus de leurs concitoyens, formeraient une oligarchie perpétuelle, et la nation n'aurait d'autres moyens de mettre un terme à leur usurpation que l'insurrection.

Pour que l'Assemblée nationale soit bien l'image fidèle de la nation et donne l'expression de sa volonté, il faut donc unir à l'obligation de la permanence, l'obligation d'un renouvellement périodique.

Pour arriver à ces fins, deux voies sont ouvertes : ou le renouvellement est total ; mais alors il faut que l'Assemblée, dont les pouvoirs vont prendre fin, n'abandonne la direction des affaires publiques qu'à l'instant même où la nouvelle Assemblée s'en saisit, de manière qu'il n'y ait en quelque sorte aucune solution de continuité ; ou le renouvellement est partiel, et alors restent au moins en permanence les deux tiers, les trois quarts ou les quatre cinquièmes des représentants de la nation.

Le renouvellement total a l'avantage de donner une représentation plus capable de répondre à la pensée de la nation et d'exprimer sa volonté, si le renouvellement a lieu tous les ans ou tous les deux ans ; mais s'il ne devait avoir lieu que tous les cinq ou six ans, mieux vaudrait le renouvellement partiel chaque année ; car, ainsi, chaque année, le nouveau contingent apporterait à l'Assemblée un élément toujours en rapport avec la dernière volonté du pays.

CHAPITRE X

Dissolution de l'Assemblée nationale.

Aucun pouvoir ne peut dissoudre l'Assemblée nationale, car il n'existe pas de pouvoir au-dessus d'elle.

Rien n'est plus plaisant que de voir en certaines républiques l'Assemblée nationale régulièrement dissoute par le pouvoir exécutif. C'est le valet qui chasse le maître. Quelque tempérament que puisse apporter le règlement des pouvoirs dans l'organisation de ce droit, il ne peut empêcher un contre bon sens d'être un contre bon sens.

L'Assemblée nationale ne peut se dissoudre elle-même qu'après avoir convoqué une nouvelle Assemblée nationale, conformément à ce qui vient d'être expliqué aux deux chapitres précédents.

CHAPITRE XI

De la publicité et du secret des délibérations de l'Assemblée nationale.

Si tous les citoyens de la nation eussent été réunis en Assemblée nationale, les délibérations auraient nécessairement été publiques ; mais quand elle n'est composée que d'un petit nombre de citoyens, mandataires de la nation entière, la publicité des délibérations n'est pas matériellement forcée.

Il y a donc seulement à examiner si une Assemblée nationale réduite aux seuls représentants de la nation peut légitimement délibérer à huis clos.

Quand elle délibère sur des questions purement civiles, il est juste que les citoyens aient connaissance des délibérations par la publicité des séances : 1° parce qu'éclairés sur les motifs de la loi, ils sont mieux disposés à s'y soumettre ; 2° parce qu'ils peuvent vérifier si leurs mandataires remplissent convenablement leur mandat ; 3° parce que, si quelques mandataires faillissent à leur devoir, ou simplement ne marchent pas d'accord avec l'opinion publique, il faut les connaître pour ne plus les renommer.

Quand l'Assemblée nationale délibère sur des questions nationales, les mêmes raisons de publicité existent ; mais il existe aussi une puissante raison pouvant légitimer le secret des délibérations. Il importe que l'étranger n'ait pas connaissance des résolutions prises par l'Assemblée pour assurer le salut du pays. En ce cas, la nécessité du secret l'emporte sur l'utilité de la publicité. La publicité pourrait même devenir une trahison.

L'avantage du secret fait la force des monarchies. Ce fut une des principales causes de la puissance de Rome, où le Sénat maintenait si scrupuleusement le secret des délibérations.

Il n'y a donc pas de principe à établir à cet égard. C'est à l'Assemblée nationale qu'il appartient de décider, suivant les cas, si la question qui fait l'objet de ses délibérations doit être traitée publiquement ou secrètement.

CHAPITRE XII

Du pouvoir exécutif dans l'État.

Il ne suffit pas que la loi ait été votée par l'Assemblée nationale, il faut encore qu'elle soit exécutée. A cet effet, il est nécessaire qu'un ou plusieurs citoyens soient nommés pour procéder à son exécution. C'est ainsi que se constitue le *pouvoir exécutif*.

Il est préférable qu'un seul citoyen demeure chargé de ce soin : 1° parce que la direction étant une, les ordres sont donnés avec mieux d'ensemble et sans conflit ; 2° parce que la responsabilité est amoindrie, quand elle est partagée.

Le citoyen chargé de faire exécuter la loi devient alors· *chef du pouvoir exécutif.*

Ne pouvant tout faire par lui-même, il est obligé de de nommer des ministres ou officiers qui, sous ses ordres et dans le département qui leur est assigné, lui apportent leur concours pour l'accomplissement de sa mission.

CHAPITRE XIII

De la responsabilité du pouvoir exécutif.

La question de responsabilité du pouvoir exécutif a presque toujours été mal résolue, parce qu'on s'est jeté dans des modes extrêmes. Les uns pour éviter d'avoir à révoquer le chef de l'exécutif ont voulu le rendre irresponsable, ce qui est une impossibilité que l'expérience des choses a prouvée. Dans ce système, on veut faire du chef de l'exécutif comme un mannequin insensible aux coups. Les ministres sont seuls responsables ; ils se retirent devant la désapprobation de l'Assemblée nationale.

Le temps ayant démontré que cette irresponsabilité du chef de l'exécutif était illusoire, d'autres ont voulu faire ce chef seul responsable et les ministres irresponsables.

C'était moins illogique, mais plus dangereux et également injuste.

Le principe de justice veut que chacun soit responsable de ses fautes et non de celles d'autrui.

Il n'y a qu'à appliquer ce principe pour trouver la meilleure solution. Elle consiste à rendre tout fonctionnaire de l'exécutif responsable de sa faute à quelque degré qu'il se trouve dans la hiérarchie administrative, et révocable sur la demande du souverain.

Par ce système, le seul rationnel, le chef du pouvoir exécutif ne peut devenir responsable que s'il prend publiquement la responsabilité de la faute commise ; mais s'il veut la prendre, en vain la Constitution dirait le contraire. Rien ne pourra le soustraire à une responsabilité évidente et surtout déclarée et acceptée.

Une bonne constitution devrait donc contenir ces principes :

1° Le chef du pouvoir exécutif est responsable de ses actes devant l'Assemblée nationale ;

2° Il ne peut être responsable du fait de ses ministres;

3° Les ministres et officiers de l'administration exécutive, quel que soit leur rang, sont toujours responsables devant l'Assemblée nationale et révocables sur sa demande.

CHAPITRE XIV

Nomination du chef du pouvoir exécutif.

Le chef du pouvoir exécutif doit être nommé par l'Assemblée nationale ;

1° Parce qu'ayant fait la loi, c'est à elle qu'il appartient de prendre soin qu'elle soit exécutée ;

2° Parce qu'étant souveraine, étant la représentation de la nation entière, tout pouvoir réside en elle ;

3° Parce que le pouvoir exécutif ne peut être indépendant du souverain ;

4° Parce que la cause matérielle qui a obligé la nation de remettre à des représentants le soin de faire les lois d'Etat subsiste dans tous les cas.

L'élection du chef du pouvoir exécutif par tous les citoyens, autrement dit par plébiscite, n'est qu'un moyen mensonger et frauduleux dont se servent les usurpateurs pour donner à leur tyrannie une couleur de légitimité. Une telle élection est la ruine des libertés publiques et mène droit à la monarchie absolue ou despotisme.

En effet, le chef du pouvoir exécutif, ayant une origine indépendante de l'Assemblée nationale, se refuse au premier conflit, de lui obéir, et commandant les forces de l'Etat, en dispose victorieusement contre le droit. L'Assemblée nationale voit alors son autorité méconnue, annihilée ; elle perd bientôt jusqu'à la volonté de faire des lois. Le chef du pouvoir exécutif resté seul, ne connaît plus d'autre loi que sa volonté et la nation est asservie.

CHAPITRE XV

De la durée des fonctions du chef du pouvoir exécutif.

L'Assemblée nationale peut nommer le chef du pouvoir exécutif : 1° pour un temps limité ; 2° pour un temps illimité ; 3° à vie ; 4° héréditairement.

Chacun de ces systèmes a ses avantages et ses inconvénients.

En effet, à cause du très-grand pouvoir qui est nécessairement remis au chef du pouvoir exécutif (puisque, pour faire exécuter la loi, il doit pouvoir faire appel à toutes les forces de la nation), ce pouvoir ne peut changer de mains sans une secousse politique, ou, au moins, une perturbation dans le service de l'administration publique.

Il en résulte que plus longtemps le pouvoir exécutif restera aux mêmes mains, le mieux ce sera pour le bon ordre de la République. Si même le pouvoir peut passer de père en fils, les bonnes traditions de gouvernement seront mieux suivies au grand avantage de la nation.

L'institution serait parfaite si le chef du pouvoir exécutif demeurait toujours fidèle à son devoir et digne de sa mission. Malheureusement, il n'en peut être toujours ainsi. Si donc il arrive que l'Assemblée nationale soit obligée d'user de son droit de révocation, cette révocation sera d'autant plus dangereuse que depuis un plus long temps le droit de commander les forces de l'Etat aura reposé sur la même tête ou dans la même famille. Car une possession longtemps retenue donne une apparence de droit à sa continuité. Arrêter cette continuité, quand on est en présence d'un sujet rebelle, peut causer un bouleversement terrible, où le droit même du souverain peut périr. Ce danger, je crois, est bien capable de balancer les avantages d'une nomination faite pour toujours.

CHAPITRE XVI

Du nom que doit porter le chef du pouvoir exécutif.

Le chef du pouvoir exécutif a porté, suivant les temps et les nations, différents noms : consul, empereur, roi, président de la république. De tous ces noms, celui qui convient le moins est le dernier. L'Assemblée nationale est le seul président de la république, puisque c'est elle qui préside à la chose publique par ses lois et ses décisions souveraines. Le chef du pouvoir exécutif ne devrait porter que le titre de : *Chef ou Président du Pouvoir exécutif de telle nation.* J'admettrais le nom de *consul* qui fut celui des chefs du poüvoir exécutif de la république romaine. Les noms d'*empereur* et de *roi* rappellent des idées monarchiques. A bien réfléchir, il n'y a pas d'empêchement à ce que le chef du pouvoir exécutif s'appelle de l'un de ces noms. Il suffit que les institutions soient républicaines.

Néanmoins il est bon d'éviter les mots qui donnent lieu à des équivoques dangereuses. C'est ainsi que j'ai vu une république qu'on appelait monarchie parce que le chef du pouvoir exécutif était institué héréditairement et prenait le nom de roi, et une monarchie qu'on appelait république, parce que le monarque, pour tromper le peuple, avait écrit sur l'enseigne de son gouvernement le mot : *République.* Grâce à cette confusion des mots, des citoyens sincèrement républicains attaquaient les institutions qu'ils auraient dû défendre et défendaient celles qu'ils auraient dû attaquer. Ils eussent été éclairés si chacun de ces gouvernements s'était appelé de son vrai nom.

CHAPITRE XVII

Des forces de l'État.

Une des conditions vitales d'une nation, c'est la bonne organisation de ses forces.

Avant de les remettre sous le commandement du chef du pouvoir exécutif, l'Assemblée nationale doit donc poser les bases de cette organisation dont dépend le salut de tous et de chacun.

Chaque citoyen, pour être protégé, s'étant engagé à apporter à l'Etat toutes ses forces, les forces de l'Etat consistent :

1° Dans le concours de la personne de tous les citoyens ;

2° Dans le concours de leurs biens.

Cependant la nation ne peut avoir besoin d'un concours si absolu. Elle ne doit demander que ce qui est nécessaire pour remplir le but de la fédération. Les charges doivent être également réparties sur chaque citoyen et proportionnellement à ses forces.

La nation obtient le concours de la personne des citoyens par l'organisation de l'*armée;*

Elle obtient le concours de leurs biens par l'organisation de la *contribution pécuniaire.*

C'est à l'Assemblée nationale qu'il appartient de régler par des lois cette double organisation.

CHAPITRE XVIII

Organisation de l'armée.

Pour qu'une loi sur l'organisation de l'armée soit juste, il faut qu'elle oblige au service de la défense tous les citoyens. En effet, le citoyen n'étant lié à la cité que pour la défense, ne peut se soustraire à cette obligation, sans manquer à la seule condition de la protection que lui doit la cité. Chaque cité, à son tour, doit apporter à la nation le contingent de toutes ses forces. Elle ne remplirait pas son engagement si elle limitait son concours au nombre d'hommes qu'à son gré elle voudrait fournir. Or, comme d'une part, en cas d'attaque, tous ses citoyens voudraient être défendus ; de même ils doivent tous être prêts à marcher au secours de l'Etat, s'il a besoin de leur entier concours.

Néanmoins il peut être nécessaire de faire plusieurs bans. La loi doit régler ces divisions d'une façon équitable entre les citoyens, de manière que ceux dont l'absence dans la famille peut être le moins préjudiciable soient placés au premier ban, et ceux dont la présence au sein de la famille est plus nécessaire, le soient au dernier.

Cependant si le pays fédéré est grand et bien peuplé, et si les peuples voisins sont inférieurs en force, la loi d'Etat peut n'obliger les cités à fournir qu'un certain nombre d'hommes, proportionnellement au nombre des citoyens. Ceux-là doivent être équitablement choisis parmi les plus valides. Le sort peut être un moyen non arbitraire de désigner les partants ; mais dans ce cas, le remplacement est de droit. Le sort peut, en effet, tomber

sur un malheureux père de famille. Pourquoi empêcher
un citoyen de se dévouer pour le remplacer? — Pourquoi empêcher cet autre que le sort n'a pas frappé, mais
dont le cœur est plus guerrier, de prendre la place d'un
moins favorisé, et même d'obtenir une somme convenue
comme prix du remplacement. Ce sont conventions entre
citoyens parfaitement licites, puisqu'ils sont d'accord entre eux, et que l'Etat n'en perd pas un seul défenseur.
Au contraire, il trouvera généralement dans le rempla-
çant un meilleur soldat, puisqu'il a fait preuve par le fait
même du remplacement, d'une moins grande crainte des
dangers de la guerre.

CHAPITRE XIX

De la contribution pécuniaire.

Chaque citoyen doit contribuer à la défense commune
non-seulement de sa personne, mais encore de sa bourse.
Car il ne suffit pas d'organiser l'armée, il faut encore la
loger, la vêtir, la nourrir. Il faut en outre payer les ou-
vriers de l'Etat, les uns chargés de fabriquer les armes,
les autres de bâtir les forteresses.

Il faut encore contribuer aux dépenses nécessaires à
la conservation et à l'augmentation de la fortune publique.
Telles sont les dépenses pour la création des routes, des
ports, des canaux et leur entretien, et généralement toutes
celles dont tous les citoyens peuvent profiter. Ainsi l'Etat
protége la fortune de tous sans nuire à personne.

L'Assemblée nationale est juge de l'utilité de ces dépenses. Les décrétant, elle doit décréter en même temps la

contribution pécuniaire nécessaire pour l'exécution. Le pouvoir exécutif fait recouvrer la contribution et exécuter le travail.

Pour qu'une loi de contribution pécuniaire soit juste, il faut qu'elle remplisse deux conditions :

1° Qu'elle oblige tous les citoyens ;

2° Qu'elle les oblige proportionnellement à leur fortune.

Ainsi l'on ne doit pas établir de contribution pécuniaire *par tête;* parce que le pauvre paye ainsi la même contribution que le riche.

On ne doit pas non plus établir de contribution sur les objets indispensables à la vie de l'homme, tels que l'eau, le pain et les viandes ordinaires ; car le riche ne mange pas plus que le pauvre.

Mais un impôt peut être justement établi sur les objets d'exception ; ainsi un impôt sur les viandes qui constituent des mets recherchés, un impôt sur les vins et les liqueurs ; car de ces choses on se prive plus ou moins suivant qu'on a plus ou moins de fortune. Ainsi encore un impôt sur les vêtements en raison de la richesse des tissus.

Certains impôts conservent admirablement le caractère de la proportionalité ; ainsi l'impôt foncier établi en raison du revenu de la terre ; l'impôt locatif, établi en raison du prix du loyer, car le confortable du logement est proportionnel à la fortune de l'occupant.

Les meilleurs impôts sont ceux établis sur les objets facultatifs et de pures fantaisies ; tel l'impôt sur les tabacs, les jeux de cartes, les joujoux, etc.; l'achat de ces objets n'étant ni nécessaire ni utile, mais d'agrément et volontaire, doit faire supposer chez l'acheteur un revenu superflu pour les payer.

On a souvent parlé d'établir un impôt progressif sur

le revenu des citoyens ; mais jamais cet impôt n'a été appliqué et l'on a eu raison ; c'eût été la ruine de la société.

L'impôt progressif est injuste, car en frappant ceux que leur travail ou celui de leurs ancêtres a rendu riches, il les réduit à un état pire que la pauvreté. L'impôt absorbant la plus grande partie de leur revenu, ils n'auraient plus que les charges d'une vaine fortune, et ainsi le prix du travail serait perdu.

L'impôt progressif est funeste, car enlevant à chacun la possibilité d'augmenter son bien-être et celui de ses enfants par un travail dont l'Etat seul profiterait, il détruit l'amour même du travail.

On arriverait ainsi à constituer un Etat où il n'y aurait plus que des pauvres. Chacun ne chercherait à créer par le travail que les choses indispensables pour vivre. La charité devenue impossible serait détruite ; les infirmes et les malades n'auraient plus qu'à mourir.

CHAPITRE XX

De la rétribution des fonctions publiques.

En principe, aucune magistrature ne doit être rétribuée. Si la conservation de la chose publique exige du citoyen le sacrifice de son temps comme celui de sa personne, c'est un devoir auquel il ne peut se soustraire sans manquer au contrat qui le lie à la cité et à la nation.

C'est un grand honneur, du reste, d'avoir été choisi par ses concitoyens comme étant le plus digne. Cet honneur doit suffire. Ce serait la preuve d'un profond abaissement du caractère et de la moralité d'une nation si les citoyens les plus dignes ne voulaient accepter les honneurs publics qu'accompagnés d'un salaire.

Les élus donnent d'autant mieux la preuve de leur vertu qu'un plus grand désintéressement les guide dans l'acceptation des charges qu'on leur confie. Exiger un salaire de ses concitoyens, c'est dire qu'on manque de dévouement et qu'on met la cupidité au-dessus de la vertu.

Si cependant l'élu est pauvre, la cité doit fournir à ses besoins et à ceux de sa famille, mais de manière à ce qu'il soit seulement indemne au sortir de la magistrature.

C'est pourquoi, comme dans les démocraties le magistrat est souvent pauvre, et que du reste la fortune des citoyens est généralement médiocre, on peut admettre qu'un traitement soit alloué chaque année aux magistrats ; mais il doit être basé sur un principe d'égalité absolue, c'est-à-dire qu'il doit être le même pour tous les magistrats. Ce traitement n'étant donné qu'à titre aliment, il est absurde de supposer qu'un citoyen aura l'estomac plus ou moins large, suivant qu'il occupera dans la république une magistrature plus ou moins élevée.

Rien n'est plus contraire au salut de la chose publique que le traitement de la magistrature, quand il dépasse les bornes du nécessaire et qu'il enrichit le titulaire au lieu seulement de le laisser indemne. C'est voler la fortune de tous au profit de quelques-uns, et, à ce point de vue, c'est immoral ; c'est immoral encore parce qu'il permet aux magistrats d'étaler un luxe d'autant plus contraire au maintien des bonnes mœurs qu'on sait que l'argent qui paye ce luxe a été pris dans la poche du pauvre non moins que dans celle du riche. Mais le plus grand danger, c'est qu'il y a là une cause continuelle de révolution. Les mauvais citoyens cherchent à tromper le public par tous les moyens possibles pour renverser le gouvernement existant et faire assaut aux places lucratives. Parvenus à leur but, ils sont bientôt renversés par d'aussi mauvais citoyens trompant à leur tour la cité. Seuls, les citoyens dignes de gouverner sont exclus.

Quand un pareil vice existe dans la constitution d'une république, on peut dire que sa chute est certaine. La même cause a amené le renversement de plus d'un monarque. Et, sans chercher bien loin des exemples, nous en avons un terrible en France, où depuis quatre-vingts ans, républiques et monarchies se sont succédé sans aucun avantage pour les libertés publiques ; mais sous chaque gouvernement les opposants n'ont eu d'autre but que de s'emparer des gros traitements des gouvernants. Cette nation a cependant encore assez de vertu civique pour trouver chez elle un nombre suffisant de citoyens capables de remplir dignement et avec désintéressement toutes les charges publiques.

Si les magistratures ne doivent pas être salariées, il n'en est pas de même des fonctions qui ne procurent aucun honneur aux titulaires parce qu'elles sont seulement un métier pour vivre. Tels sont les emplois d'écrivains dans les bureaux publics, de collecteurs d'impôts, etc. Ces fonctions doivent être salariées en raison du travail exécuté.

Néanmoins on doit prendre soin de modérer le chiffre du traitement jusqu'au *minimum* au-dessous duquel on ne pourrait trouver d'employé capable de remplir la fonction. Car il n'est pas juste de prendre aux citoyens au-delà de ce qui est nécessaire pour faire exécuter le travail public.

CHAPITRE XXI

Suite et conclusion.

Nous avons vu qu'en suivant l'ordre naturel des choses, les cités et les nations ont dû se trouver en république, c'est-à-dire que le gouvernement de la chose publique était primitivement aux mains de tous. Le plus légitime des gouvernements est donc le gouvernement républicain. Il est le meilleur quand les institutions sont sérieusement républicaines et basées sur les éternels principes de vérité et de justice ; mais si l'on s'en écarte, il périt nécessairement, car c'est aussi le gouvernement qui exige le plus de vertu. Quand tout le gouvernement d'une nation repose sur la tête d'un seul, la responsabilité du monarque est si grande, que le sentiment de cette responsabilité pourrait lui tenir lieu de vertu ; mais quand la responsabilité est partagée, elle s'affaiblit tellement qu'il devient à craindre que l'intérêt privé prédomine l'intérêt public. C'est pourquoi, pour que l'état républicain soit l'état normal d'une nation, il faut que les magistrats aient assez de vertu pour faire en tout temps le sacrifice de leur propre intérêt pour le bien public ; sans quoi on a l'anarchie. De là ce principe que, sans vertu, il n'est pas de république possible (1).

(1) Montesquieu (*Esprit des Lois*) a établi le même principe.

TITRE III

DU GOUVERNEMENT ARISTOCRATIQUE

Les aristocraties sont des républiques où un petit nombre de citoyens gouvernent.

Le gouvernement aristocratique doit donc être semblable à celui de toutes les républiques, et les règles, que nous avons tracées pour le gouvernement républicain, en général, lui est applicable.

Le gouvernement aristocratique doit principalement son existence à l'une des deux causes suivantes : 1° au maintien rigoureux du droit de cité sur la tête des seuls descendants des fondateurs de la cité ; 2° à la conquête.

Quand une cité était fondée, les fondateurs-citoyens établissaient souvent une loi qui interdisait d'accorder le droit de cité à aucun étranger, mais le réservait pour eux seuls et leurs descendants.

Cependant la cité prospérant, de nombreux étrangers venaient ou se mettre sous sa protection, ou trafiquer dans le pays. Leurs descendants finissaient par s'y établir ; et ainsi se formait, à côté de la cité, un second peuple qui ne pouvait avoir aucun droit au gouvernement. Il était encore augmenté, en certaines républiques, par l'affranchissement des esclaves ; de telle sorte qu'il pouvait devenir très nombreux, pendant que le nombre des citoyens non-seulement n'augmentait pas, mais même

tendait à diminuer par suite des guerres et de l'établissement des colonies.

Alors se trouva une classe de citoyens puissante qui
gouvernait légitimement : c'était l'aristocratie ; et, au-
dessous, une classe de non-citoyens, composée d'étrangers et d'affranchis : c'était la plèbe. Elle n'avait qu'à
obéir.

La seconde origine des aristocraties est la conquête.
Quand un peuple vainqueur s'établissait sur les terres
des vaincus, ceux-ci devenaient la plèbe tenue d'obéir à
perpétuité ; les vainqueurs demeuraient l'aristocratie.

Si cet état de choses dure longtemps, les descendants
des vainqueurs et des vaincus peuvent oublier leur origine, mais le gouvernement n'en reste pas moins aux
mains des premiers jusqu'au jour où un bouleversement
politique vient mettre tous les habitants du pays au
même niveau.

Le gouvernement aristocratique, légitime ou non, sera
toujours contraire au bonheur de l'humanité, en créant
dans un même pays deux classes d'hommes ennemis les
uns des autres, et dont l'une, souvent en majorité, doit
néanmoins toujours subir la volonté et les caprices de
l'autre.

TITRE IV

DE LA MONARCHIE

Quand le gouvernement d'un pays est aux mains d'un seul homme qui dispose à son gré et suivant son bon plaisir des biens et de la vie des habitants du pays soumis, cet homme est un *monarque*, et son gouvernement une *monarchie* (1).

La monarchie est légitime ou illégitime. Elle est légitime quand elle résulte de l'abdication volontaire faite par tous les citoyens de leur souveraineté en faveur du monarque. Elle est illégitime quand elle provient d'une usurpation ou d'une violence. C'est alors une *tyrannie*.

CHAPITRE I

De la monarchie légitime.

Quand les familles se sont constituées en cité, et les cités en nation, rarement elles ont pu arriver à établir des institutions assez parfaites pour établir d'une ma-

---

(1) La monarchie (Μονος, Αρχειν) est absolue, ou n'est pas une vraie monarchie, mais un régime mixte, qui peut se rapprocher plus ou moins du gouvernement d'un seul ou du gouvernement de tous. C'est à tort que Montesquieu (*Esprit des Lois*) distingue le *despotisme* de la *mo narchie*. Il a trop comparé les monarchies orientales, chez lesquelles

nière durable le gouvernement républicain. Les mauvais citoyens, voulant profiter des imperfections de la loi pour leur propre avantage, violent le contrat social et le retournent contre ceux-là mêmes qu'il doit protéger. De là des troubles civils. S'il se présente un homme fort et ami de la vertu, les bons citoyens le nomment leur chef et lui accordent le pouvoir absolu sur leur vie et leurs biens, c'est-à-dire lui remettent la souveraineté. Ce chef devient alors légitime souverain.

Il peut être nommé pour un temps limité : tel le monarque qu'à Rome on appelait *dictateur*.

Il peut être nommé à vie. Quand, à la mort de chaque monarque, on en renomme un nouveau, la monarchie élective est l'état ordinaire du gouvernement. Les citoyens ne recouvrent la souveraineté que pour la perdre aussitôt, mais volontairement ; et ainsi, la monarchie demeure légitime.

Il n'existe pas de monarchie (1) héréditaire légitime. En effet, il n'est jamais arrivé que toute une génération de citoyens fissent librement et pour jusqu'à la fin des siècles abandon absolu de leur droit de souverain. La monarchie absolue n'est devenue héréditaire que par violation du contrat social, par un empiétement sur les droits du peuple. Qu'on remonte au commencement de toutes les monarchies héréditaires, on n'en trouvera pas une qui ait, avec la légitimité, revêtu dans son premier auteur le

n'existe pas de caste, avec les monarchies occidentales, chez lesquelles se trouve une noblesse placée entre le monarque et la plèbe. — Est-ce que Louis XIV, quand il disait, avec une raison conforme aux institutions du XVIIe siècle : « L'État, c'est moi, » n'exprimait pas l'idée d'une monarchie aussi absolue que peut l'être le despotisme oriental?

(1) Je n'entends parler que de la monarchie absolue, comme je l'ai dit plus haut.

double caractère de monarchie absolue et héréditaire. Quand la monarchie a été héréditairement créée, toujours l'institution a été mitigée par des réserves sur le droit de souveraineté.

CHAPITRE II

De la monarchie illégitime.

La monarchie est illégitime quand elle a pour origine : 1° la violence ou la conquête ; 2° l'usurpation.

Nous avons vu que la fédération des familles et des cités ne s'était faite que par nécessité de défense et de conservation. Mais si une famille, au lieu de se *fédérer* librement à une autre famille, s'est servie de sa force pour la vaincre et la soumettre, le chef de la première famille devient le maître de la seconde ; s'il arrive à soumettre ainsi plusieurs familles, il en demeure le souverain. Il se sert ensuite de ses sujets obligés pour faire de nouvelles conquêtes ; après avoir soumis les familles, il soumet les cités, et devient ainsi *monarque* de tout un pays. Telle a été une des premières origines de la monarchie. En vain, les descendants du premier monarque essayeraient-ils de faire valoir la longue possession pour légitimer leur monarchie. Nulle possession, quelque longue qu'elle soit, ne peut légitimer un pouvoir né de la violence ; car, si les cités sujettes voulaient recouvrer leur indépendance, le souverain illégitime employerait immédiatement la violence pour vaincre ce qu'il appellerait une rébellion. D'où l'on peut établir ce principe : qu'une monarchie, née par violence, ne se conserve que par violence ; qu'ainsi, en aucun temps, elle ne peut devenir légitime.

Il est encore arrivé qu'après la constitution de la cité ou de la nation, le citoyen auquel les forces publiques avaient été remises pour les faire servir à la défense de tous s'en est servi pour opprimer ses concitoyens et les asservir. Devenu ainsi maître absolu, il constitue un état monarchique. Cette monarchie est encore illégitime ; et si, dans la suite des temps, les moyens dont dispose le monarque ou ses successeurs pour se maintenir au pouvoir sont supérieurs à ceux que pourrait employer la cité pour recouvrer son indépendance et sa souveraineté, la longue possession ne pourra pas encore la légitimer.

Il peut arriver que l'état monarchique ne se constitue qu'insensiblement et après une longue suite de siècles. C'est quand le pouvoir exécutif reste dans la même famille et se transmet de père en fils. A chaque génération, le dépositaire du pouvoir empiète sur la souveraineté du peuple ; à force d'empiéter, il finit par tout prendre. La monarchie ainsi constituée est illégitime. Ici seulement l'usurpation a été plus lente et n'a pas appelé à son secours la violence ; mais elle sera obligée d'y avoir recours, s'il arrive qu'un jour le peuple, se sentant mal gouverné, veuille reprendre ses droits de souverain qu'il n'a jamais librement abdiqués.

CHAPITRE III

Avantage de la monarchie.

La monarchie légitime n'a qu'un avantage, celui de sauver le pays de grandes catastrophes, en remettant ses destinées aux mains d'un homme supérieur. Les citoyens, juges de l'utilité d'une telle création, ne font le sacrifice momentané de leur liberté que pour mieux l'assurer dans la suite des temps ; parce que, connaissant l'homme aux mains duquel ils remettent le droit de souverain, ils savent qu'il n'usera de sa toute-puissance que pour le salut et la conservation même de la chose publique.

Il n'y a pas à rechercher les avantages de la monarchie illégitime, il est évident qu'il n'en est aucun qui puisse balancer l'immense malheur d'être tyranniquement asservi.

TITRE V

DES RÉGIMES MIXTES

OU MONARCHO-RÉPUBLICAINS

La monarchie n'est telle qu'autant que le monarque est souverain. Son gouvernement doit être absolu. S'il cesse de l'être, si le chef de l'Etat partage la souveraineté avec une assemblée aristocratique ou populaire, ce n'est plus une vraie monarchie ; c'est un régime mixte, où les institutions monarchiques, aristocratiques ou démocratiques viennent concourir à la formation d'un gouvernement *sui generis*, qui n'est ni une monarchie ni une république.

Ce régime n'est point naturel. Les hommes sont arri-

vés à le créer, tantôt pour atténuer les effets funestes de
la monarchie et par suite d'une revendication partielle
de la souveraineté perdue, tantôt pour atténuer les dangers de la fougue des passions populaires et par suite
d'une abdication partielle et volontaire de la souveraineté
possédée.

Il s'ensuit que les institutions qui règlent ce régime
sont aussi diverses que les nations qui ont cru devoir
l'adopter. Chez les unes, elles se rapprocheront davantage de la monarchie, chez les autres davantage du régime républicain. Jamais elles ne peuvent être fixes,
puisqu'elles ne sont fondées sur aucun principe, mais
sur de pures convenances qui varient suivant les temps
et les lieux.

Cependant quand ce régime a été adopté et réglé par
une Assemblée nationale légitime, il devient légitime et
doit être respecté. Le règlement forme alors la Constitution de l'Etat.

Une vie d'homme ne suffirait pas à décrire les formes
variées sous lesquelles il peut se présenter. Je ne cher-
cherai qu'à examiner si, réglé par une constitution, il peut
être avantageux.

Ayant étudié le régime républicain, j'ai trouvé que,
fondé sur les vrais principes, il devait être le meilleur,
mais qu'il exigeait pour sa conservation une grande
vertu, et j'ai établi cette maxime qu'il ne peut y avoir de
gouvernement républicain sans vertu.

Il s'ensuit que si la vertu d'une nation n'est pas à la
hauteur d'un tel régime, il vaut mieux, plutôt que
d'être entraînée dans le désordre et la servitude, qu'elle
renonce d'elle-même à une partie de la souveraineté.

Pour l'établissement d'un bon gouvernement, la vertu,

utile pour tous, n'est nécessaire que chez les gouvernants. Aussi, plus on s'éloigne du régime républicain pour se rapprocher du monarchique, moins il faut de vertu, et le monarchique n'en exige que chez le monarque.

D'où ce seul principe, que les avantages résultant des régimes mixtes sont en raison inverse de la vertu des nations.

C'est pourquoi un sage législateur devra donner à sa nation une constitution se rapprochant d'autant plus du régime républicain qu'elle aura plus de vertu, et s'en éloignant d'autant plus qu'elle en aura moins.

Si la majorité de la nation a le sentiment de ses devoirs, il ne faut pas hésiter à la laisser se gouverner par les principes républicains dans toute leur pureté ; si elle n'a aucune vertu, elle n'est plus digne de la souveraineté, elle mérite l'esclavage, et la monarchie est le seul régime qui lui convienne.

Non-seulement la raison nous dicte ces principes, mais l'expérience n'a jamais cessé de donner la preuve de leur vérité, et, dans tous les temps, nous avons vu que, quand une nation en république oubliait la vertu, elle tombait dans l'anarchie, et n'en pouvait sortir que par le despotisme.

TITRE VI

DE LA RELIGION (1)

La religion est le mobile de toutes les vertus. Sans religion, il n'est pas de vertu possible. Le sentiment, non-seulement de l'existence de Dieu, mais de sa providence sur nos actions, se rencontre généralement chez tous les hommes. Si quelques-uns le méconnaissent, c'est par une éclipse de leur raison, ou qu'entraînés par des passions inavouables, ils cherchent à combattre en eux la voix de la conscience.

Mais si tous les hommes ont le sentiment de la divinité, la plupart ne sont pas d'accord sur le culte qu'ils lui doivent rendre ; ce qui a occasionné depuis le commencement des temps des divisions infinies.

La religion qui devrait être une, comme la Vérité, a dû prendre, suivant la manière dont le culte envers Dieu était entendu, des qualificatifs différents ; et alors, comme d'un tronc d'arbre sortent de grosses branches qui elles-mêmes sont les troncs de plus petites, ainsi de la *religion* sont nées les *religions* spéciales, lesquelles à leur tour ont donné naissance à un nombre indéfini de sectes religieuses.

(1) Sous ce titre, je n'entends parler de la religion qu'au point de vue social, indépendamment de la question dogmatique, bien entendu.

Il est encore arrivé que dans chaque pays, suivant son génie, sa situation climatérique, et encore, sans doute, d'après un concours de circonstances qu'il a plu à Dieu de laisser naître, la majorité des habitants a été plus portée à adopter telle spécialité de religion plutôt que telle autre. Mais, nécessairement, il est resté une minorité qui n'a pu accepter la religion de la majorité.

Les choses étant naturellement dans cet état, il n'y a qu'à les y laisser ; et la majorité n'a pas le droit d'employer sa force à violenter la minorité ; autrement ce serait déchirer le contrat qui a pour but la défense et non l'attaque.

De là le principe de la liberté de conscience ; principe absolu, qui, sous quelque régime que vivent les hommes, doit être respecté.

Ce principe ne fait point obstacle à l'obligation qui incombe à tout gouvernement honnête, d'entretenir au sein des populations l'esprit religieux. Chaque chose créée ne pouvant se conserver que par la volonté divine, il importe au salut des nations, comme au salut des individus, que la religion ne soit pas mise en oubli.

De là ces conséquences , dont l'histoire a toujours montré la vérité :

1° Qu'une nation religieuse est toujours prospère ;

2° Que ses malheurs sont la suite de son indifférence religieuse ;

3° Que son impiété la conduit à sa perte.

TITRE VII

DE LA PAIX PERPÉTUELLE

L'on s'est souvent demandé si les nations pouvaient arriver à vivre entre elles en paix perpétuelle. On se le demande surtout aujourd'hui que les moyens de destruction sont tellement puissants, qu'une guerre entre deux nations également fortes semble devoir produire leur mutuel anéantissement.

La paix perpétuelle est possible ; mais elle ne pourra exister que le jour où les nations se *fédéreront* pour leur défense et leur conservation commune.

En effet, de même que les familles se sont *fédérés* et ont formé les cités ; que les cités se sont *fédérés* et ont formé les nations ; et qu'ainsi à partir du jour de la fédération, les familles d'abord, les cités ensuite ont cessé d'être en guerre ; de même, si les nations formaient entre elles une grande fédération établie sur les mêmes bases, il s'ensuivrait nécessairement entre elles une paix aussi ferme et aussi durable que celle qui existe aujourd'hui entre les cités d'une même nation.

La fédération des nations formerait ainsi le quatrième degré dans l'échelle de l'organisation de la société humaine, et cette convention, dernier article du pacte social, en serait le couronnement.

Cela n'est point impossible, et si toutes les nations de la terre n'arrivent pas facilement à s'entendre, pour former cette grande fédération, du moins pourrait-elle se former tout d'abord par grands groupes de nations.

Ainsi les nations de l'Europe peuvent facilement se constituer en fédération. Il suffirait que la diplomatie européenne, pour éviter toute guerre dans l'avenir, convînt de l'établir sur des bases légitimes.

Ces bases sont :

1° L'égalité de toutes les nations entre elles ;

2° La représentation de toutes les nations convoquées en Assemblée internationale, proportionnellement au nombre d'habitants, comme un député par un million d'habitants ;

3° Droit à l'Assemblée internationale de faire toutes les lois ayant pour but la défense et la conservation de la fédération ;

4° Pouvoir exécutif nommé par l'Assemblée internationale, indépendant du pouvoir exécutif particulier à chaque nation.

Cette organisation internationale, faite à l'image de l'organisation nationale dont j'ai tracé ci-dessus, aux titres 1er et 2e, les éléments indispensables à sa légitimité et à sa viabilité, donnerait ainsi le meilleur moyen de mettre un terme aux guerres de nation à nation. En effet, la décision souveraine de l'Assemblée internationale engageant toutes les puissances de la fédération, si l'une d'elle osait ne pas obéir, elle verrait s'élever contre elle les forces de toutes les autres nations. Isolée, sa faiblesse serait telle, qu'il serait à peu près impossible qu'elle eût même la pensée de se révolter.

D'autre part, les nations, étant en paix les unes avec les autres, n'auraient plus besoin de force armée considérable, et les dépenses d'armements qui ruinent les nations n'auraient plus leur raison d'être.

L'Assemblée internationale ferait simplement une loi qui limiterait le nombre d'hommes armés que devrait entretenir chaque nation, au prorata du nombre de ses habitants, et de manière à rendre toute rébellion impossible.

La différence de gouvernement auquel chaque nation est soumise ne peut être une obstacle à la création de l'Assemblée internationale. Car dans chaque Etat, ce serait le souverain qui élirait les représentants de la nation. Ici le monarque souverain ferait l'élection, là, l'Assemblée nationale, là encore où la souveraineté est partagée entre un roi et une assemblée, l'élection serait faite suivant le mode par lequel sont votées et promulguées les lois d'Etat.

Je n'entre pas dans de plus grands développements. Puisse cette idée faire son chemin et aboutir à la réalisation d'un état de choses qui serait le plus bel établissement des temps modernes.

Versailles. — Imprimerie de E. AUBERT.